Padre Pio

Fauna Pic

Maria Belém, fsp

Padre Pio
Novena e história

Paulinas

Citações bíblicas: *Bíblia Sagrada* – tradução da CNBB, 2ª ed., 2002.

Editora responsável: *Celina Weschenfelder*
Equipe editorial

6ª edição – 2012
9ª reimpressão –2024

Nenhuma parte desta obra poderá ser reproduzida ou transmitida por qualquer forma e/ou quaisquer meios (eletrônico ou mecânico, incluindo fotocópia e gravação) ou arquivada em qualquer sistema ou banco de dados sem permissão escrita da Editora. Direitos reservados.

Cadastre-se e receba nossas informações
paulinas.com.br
Telemarketing e SAC: 0800-7010081

Paulinas

Rua Dona Inácia Uchoa, 62
04110-020 – São Paulo – SP (Brasil)
📞 (11) 2125-3500
✉ editora@paulinas.com.br

© Pia Sociedade Filhas de São Paulo – São Paulo, 2005

Introdução

Padre Pio, um santo conhecido e aclamado no mundo inteiro, faleceu em 23 de setembro de 1968. Milhares de pessoas choraram sua morte e ao mesmo tempo louvaram e agradeceram a Deus pelos dons e graças recebidos pela sua intercessão. Na ocasião, ele tinha 81 anos, dos quais mais de 50 carregou os estigmas da Paixão de Nosso Senhor Jesus Cristo.

Os dons extraordinários que acompanharam toda a existência de Padre Pio, como as visões, a bilocação, o dom da cura e, sobretudo, o dom dos estigmas, cujo sofrimento o fizeram ser muito semelhante ao Crucificado, certamente contribuíram para sua fama de santidade. Contudo, outros elementos, como as incompreensões de muitas pessoas, as suspeitas e as limitações impostas pela Igreja, às quais ele obedeceu com docilidade de filho, tornaram autêntico e elevado seu grau de santidade.

Por cinquenta anos, de 1918 a 1968, em San Giovanni Rotondo, multidões acorreram a ele em busca de alguma cura espiritual ou física e de um encontro que os aproximassem de Deus ou dessem um sentido às suas vidas.

Nesta novena, poderemos acompanhar o desenrolar da vida de Padre Pio, rezar com ele e saber o que o Papa João Paulo II, seu grande admirador, falou sobre ele por ocasião de sua canonização, ocorrida a 16 de junho de 2002, em Roma.

A Igreja celebra a festa litúrgica de São Pio de Pietrelcina em 23 de setembro, dia de sua morte.

PRIMEIRO DIA

Infância

Em nome do Pai, do Filho e do Espírito Santo. Amém.

Um pouco de história

A pequena cidade de Pietrelcina, localizada no sul da Itália, foi o berço natal de Padre Pio, que nasceu na tarde do dia 25 de maio de 1887. Logo no dia seguinte, foi levado à igreja de Sant'Ana para ser batizado e recebeu o nome de Francisco, em homenagem ao Santo de Assis, venerado com devoção por sua mãe.

Seus pais, Grazio Maria Forgione e Maria Giuseppa de Nunzio, tinham cinco filhos. Eram camponeses e tiravam da terra que cultivavam o sustento à família. Foi nesse lar, num ambiente de dificuldades financeiras, mas de muita fé em Deus, que Padre Pio passou sua infância. Estudou e brincou como toda criança; contudo, desde os cinco anos, apresentou seus dons carismáticos e começou a sentir a presença de seu anjo da guarda, que o acompanhou a vida toda. Nessa época, na igreja de Sant'Ana, ocorreu a primeira aparição do Sagrado Coração de Jesus, convidando-o para uma vida de maior aproximação a Deus, especialmente pelo sacramento da Eucaristia.

Reflexões de Padre Pio

"Desde meu nascimento, o Senhor me demonstrou sinais de especial predileção. Mostrou-me que não apenas seria meu Salvador, meu supremo benfeitor, mas o amigo devotado, sincero, o amigo do coração, o eterno e infinito amor, a consolação, a alegria, o conforto e todo o meu tesouro."

João Paulo II fala de Padre Pio

"A vida e a missão de Padre Pio testemunham que as dificuldades e os sofrimentos, se forem aceitos por amor, transformam-se num caminho privilegiado de santidade, que abre perspectivas para um bem maior, que só Deus conhece."

Rezemos com Padre Pio

Fica comigo, Senhor, porque preciso de tua presença para não te esquecer. Sabes com que facilidade posso abandonar-te. Fica comigo, Senhor, porque sou fraco e preciso de tua força para não cair tantas vezes.

Ó Jesus, que disseste: "Pedi e vos será dado; procurai e encontrareis; batei e a porta vos será aberta" (Lc 11,9), eu bato, busco e peço a graça *(fazer o pedido)*.

Pai-Nosso, Ave-Maria e Glória.

Oração final

Senhor Jesus, cheio de misericórdia e bondade, que amais a todos e entregastes vossa vida para a salvação da humanidade, concedei-me, por intercessão de Padre Pio, a graça de amar cada dia mais a vós e aos meus irmãos, especialmente os mais necessitados. Concedei-me ainda, com benevolência, a graça de que mais preciso neste momento. Amém.

SEGUNDO DIA

Entrada no convento

Em nome do Pai, do Filho e do Espírito Santo. Amém.

Um pouco de história

Até os 11 anos de idade, Francisco – futuro Padre Pio – estudou com professores particulares. Nessa época, ele manifestou claramente a intenção de consagrar-se a Deus numa ordem religiosa. Contudo, teve que esperar alguns anos antes de concretizar sua vocação.

Quando completou 13 anos, seu pai emigrou para a América a fim de trabalhar e ajudar nos estudos dos filhos. Somente em janeiro de 1903, com quase 16 anos, Francisco foi admitido no convento dos padres capuchinhos, um dos ramos da

Ordem Franciscana, cujo ideal é viver radicalmente as mensagens do Evangelho.

Reflexões de Padre Pio

"Não se pense que nada sofri por abandonar os meus, aos quais me sentia fortemente ligado. Sentia moer-me até os ossos por ter que abandoná-los. À medida que o dia da partida se aproximava, ficava cada vez mais angustiado [...]. E onde melhor poderia servir-te, Senhor, senão no claustro e sob a bandeira do pobrezinho de Assis? Que Jesus me conceda a graça de ser um filho menos indigno de São Francisco."

João Paulo II fala de Padre Pio

"Não é, porventura, precisamente a 'glorificação da cruz' o que mais resplandece em Padre Pio? Como é atual a espiritualidade da cruz vivida pelo humilde capuchinho de Pietrelcina! O nosso tempo precisa redescobrir o valor de abrir o coração à esperança."

Rezemos com Padre Pio

Fica comigo, Senhor, porque és minha vida e sem ti perco o fervor. Fica comigo, Senhor, porque és minha luz e sem ti só vejo a escuridão.

Ó Jesus, que disseste: "Em verdade, em verdade, vos digo: o que pedirdes em meu nome, eu o farei, a fim de que o Pai seja glorificado no Filho" (Jo 14,12-13), ao eterno Pai, em teu nome, eu peço a graça *(fazer o pedido)*.

Pai-Nosso, Ave-Maria e Glória.

Oração final

Senhor Jesus, cheio de misericórdia e bondade, que amais a todos e entregastes vossa vida para a salvação da humanidade, concedei-me, por intercessão de Padre Pio, a graça de amar cada dia mais a vós e aos meus irmãos, especialmente os mais necessitados. Concedei-me ainda, com benevolência, a graça de que mais preciso neste momento. Amém.

TERCEIRO DIA

Consagração a Deus

Em nome do Pai, do Filho e do Espírito Santo. Amém.

Um pouco de história

Em 22 de janeiro de 1903, Francisco entrou no noviciado da Ordem dos Frades Menores Capuchinhos. Nesse dia, recebeu as vestes religiosas e adotou um novo nome: Frei Pio. Começava para ele e seus companheiros a vida austera do claustro: oração frequente, silêncio, vigílias na capela e penitências.

Passado um ano, fez os votos simples de consagração a Deus na presença de seus pais, parentes e amigos. Em janeiro de 1907, após alguns anos de formação e apesar da saúde precária, Padre Pio emitiu os votos solenes, consagrando-se para sempre ao Senhor, que frequentemente o visitava com consolações, mas também com muitos sofrimentos.

Com fervor renovado e abrasado pelo amor a Deus e ao próximo, Padre Pio viveu em plenitude a vocação de contribuir para a salvação de todas as pessoas por meio dos sofrimentos, da direção espiritual, da confissão sacramental e da celebração diária da santa missa.

Reflexões de Padre Pio

"Terminada a missa, detive-me um pouco com Jesus para a ação de graças. Oh! como foi suave o colóquio com o paraíso esta manhã! Não teria palavras para descrever tudo: ocorreram coisas que não podem ser traduzidas em linguagem humana sem perder seu sentido profundo e celestial."

João Paulo II fala de Padre Pio

"Em toda a sua existência, Padre Pio procurou conformar-se cada dia mais com Jesus Crucificado, tendo clara consciência de ter sido chamado para colaborar de modo especial na obra da Redenção. Sem essa referência constante à Cruz, não se compreende a sua santidade."

Rezemos com Padre Pio

Fica comigo, Senhor, para me dares a conhecer a tua vontade. Fica comigo, Senhor, pois desejo amar-te muito e estar sempre em tua companhia.

Ó Jesus, que disseste: "Em verdade, vos digo: o céu e a terra passarão, mas as minhas palavras não passarão" (Lc 21,32-33), apoiando-me na veracidade de tuas palavras, eu peço a graça (fazer o pedido).

Pai-Nosso, Ave-Maria e Glória.

Oração final

Senhor Jesus, cheio de misericórdia e bondade, que amais a todos e entregastes vossa vida para a salvação da humanidade, concedei-me, por intercessão de Padre Pio, a graça de amar cada dia mais a vós e aos meus irmãos, especialmente os mais necessitados. Concedei-me ainda, com benevolência, a graça de que mais preciso neste momento. Amém.

QUARTO DIA
O sacerdócio

Em nome do Pai, do Filho e do Espírito Santo. Amém.

Um pouco de história

Apesar da saúde debilitada, Padre Pio iniciou a preparação ao sacerdócio, cursando Teologia. Durante os anos de formação e estudos, e mesmo depois, Padre Pio voltou, por motivo de saúde, várias vezes à sua terra natal, Pietrelcina, onde sua mãe e os demais familiares o tratavam com muito carinho.

Aspirando ser quanto antes ordenado sacerdote, solicitou aos seus superiores que o admitissem à ordenação presbiteral. Foi prontamente atendido e, em 10 de agosto de 1910, na presença de sua mãe e de um irmão, tornou-se sacerdote de

Cristo. Seu pai não estava presente, pois, mais uma vez, emigrara para a América em busca de recursos financeiros para a família. Quatro dias depois, na igreja de Sant'Ana, em Pietrelcina, onde fora batizado e crismado, Padre Pio celebrou sua primeira missa.

Reflexões de Padre Pio

"Ó Jesus, meu alento, enquanto hoje te elevo minha vida num mistério de amor, peço-te que eu possa ser para ti um sacerdote santo e uma vítima perfeita."

Essa oração foi pronunciada no dia de sua primeira missa e reflete seu projeto de vida.

João Paulo II fala de Padre Pio

"Que o exemplo de Padre Pio anime os sacerdotes a realizar com alegria e assiduidade o ministério da penitência. Ministério da confissão sacramental, que foi uma das características marcantes de sua missão sacerdotal e que atraía numerosa multidão de fiéis ao convento de San Giovanni Rotondo."

Rezemos com Padre Pio

Fica comigo, Senhor, para que eu tenha fé em ti. Fica comigo, Senhor, porque, embora meu espírito seja tão pobre, quero que ele seja um ninho de amor, um lugar onde encontres consolo.

Ó Jesus, que disseste: "Pedi e vos será dado; procurai e encontrareis; batei e a porta vos será aberta" (Lc 11,9), eu bato, busco e peço a graça *(fazer o pedido)*.

Pai-Nosso, Ave-Maria e Glória.

Oração final

Senhor Jesus, cheio de misericórdia e bondade, que amais a todos e entregastes vossa vida para a salvação da humanidade, concedei-me, por intercessão de Padre

Pio, a graça de amar cada dia mais a vós e aos meus irmãos, especialmente os mais necessitados. Concedei-me ainda, com benevolência, a graça de que mais preciso neste momento. Amém.

QUINTO DIA

Padre Pio enfermo

Em nome do Pai, do Filho e do Espírito Santo. Amém.

Um pouco de história

Apesar de apresentar saúde frágil desde a infância, Padre Pio nunca deixou de cumprir os deveres de um autêntico religioso capuchinho. Após a ordenação sacerdotal, mais uma vez, deixou o convento para tratar da saúde e dirigiu-se a Pietrelcina, onde permaneceu entre os seus por sete anos.

Foram anos de provas, doenças, tentações, investidas diabólicas, consolações místicas, visões e graças espirituais. Tempo estabelecido por Deus para plasmar a vocação sacerdotal e missionária de seu escolhido.

Nesse período, dedicou-se intensamente à oração e ao ministério, na igreja de Sant'Ana, ajudando o pároco especialmente no atendimento das confissões. Sua maior alegria, porém, era celebrar a santa missa, que ele prolongava por muito tempo.

Reflexões de Padre Pio

"Meu maior sacrifício foi justamente não ter conseguido viver sempre no convento. [...] Se não podes demorar-te muito na oração, em leituras etc., não deves desanimar. Se pelo menos puderes receber Jesus sacramentado todos os dias, deverás considerar-te afortunado. No decorrer do dia, quando não puderes fazer outra coisa, chama Jesus, e ele virá e ficará sempre unido a ti mediante sua graça e seu santo amor."

João Paulo II fala de Padre Pio

"No plano de Deus, a cruz constituiu o verdadeiro instrumento de salvação para toda a humanidade e o caminho proposto explicitamente pelo Senhor a todos aqueles que desejam segui-lo (cf. Mc 16,24). E o santo frade, Padre Pio, compreendeu isso muito bem."

Rezemos com Padre Pio

Fica comigo, Jesus, porque já é tarde, o dia está chegando ao fim. A vida passa, e a morte, o julgamento e a eternidade se aproximam. Preciso de ti para renovar minhas forças e poder seguir meu caminho.

Ó Jesus, que disseste: "Em verdade, em verdade, vos digo: o que pedirdes em meu nome, eu o farei, a fim de que o Pai seja glorificado no Filho" (Jo 14,12-13), ao eterno Pai, em teu nome, eu peço a graça *(fazer o pedido)*.

Pai-Nosso, Ave-Maria e Glória.

Oração final

Senhor Jesus, cheio de misericórdia e bondade, que amais a todos e entregastes vossa vida para a salvação da humanidade, concedei-me, por intercessão de Padre Pio, a graça de amar cada dia mais a vós e aos meus irmãos, especialmente os mais necessitados. Concedei-me ainda, com benevolência, a graça de que mais preciso neste momento. Amém.

SEXTO DIA

Os estigmas de Padre Pio

Em nome do Pai, do Filho e do Espírito Santo. Amém.

Um pouco de história

Com o início da Primeira Guerra Mundial, Padre Pio e outros religiosos foram convocados e tiveram que prestar serviço militar. Após 182 dias no exército, executando diversas tarefas, Padre Pio, em vista de uma bronco-alveolite dupla, foi reformado, ficando livre para continuar seu ministério sacerdotal em tempo integral.

Em maio de 1918, Padre Pio foi, então, para o convento de San Giovanni Rotondo, onde permaneceria até a morte, em 1968. Esse lugar agradou muito ao Padre Pio, pela tranquilidade e clima favorável a seus pulmões. Contudo, toda sua vida foi uma crucifixão contínua. Além da saúde frágil e de outros sofrimentos, foram-lhe dados os estigmas de Cristo, isto é, tinha em suas mãos, pés e lado as chagas do Crucificado, chagas que sangravam e doíam muito, especialmente em certas ocasiões. E, fato curioso, delas emanava um suave e misterioso perfume. A Igreja determinou que Padre Pio fosse examinado por vários médicos, e todos concluíram que seus ferimentos eram realmente de origem sobrenatural.

Reflexões de Padre Pio

Em dezembro de 1911, escreveu ao diretor espiritual: "Ontem à noite me aconteceu uma coisa que não consigo nem explicar, nem compreender: no meio da palma de minhas mãos, apareceu uma marca vermelha de cerca de um centímetro de largura, acompanhada de uma dor forte e aguda. Essa dor era bem mais forte na mão esquerda, e ainda posso senti-la. Também sinto um pouco de dor na planta dos pés".

João Paulo II fala de Padre Pio

"A razão última da eficácia apostólica de Padre Pio, a raiz profunda de tanta fecundidade espiritual, encontra-se na íntima e constante união com Deus, de que eram testemunhas eloquentes as longas horas passadas em oração. Gostava de repetir: 'Sou um pobre frade que reza', convencido de que a oração é a melhor arma que possuímos, é uma chave que abre o coração de Deus."

Rezemos com Padre Pio

Fica comigo, Jesus, pois é tarde, a morte se aproxima e tenho medo da escuridão, das tentações, da falta de fé, da cruz, das tristezas. Como preciso de ti, meu Jesus, nesta noite de exílio!

Ó Jesus, que disseste: "Em verdade, vos digo: o céu e a terra passarão, mas as minhas palavras não passarão" (Lc 21,32-33), apoiando-me na veracidade de tuas palavras, eu peço a graça *(fazer o pedido)*.

Pai-Nosso, Ave-Maria e Glória.

Oração final

Senhor Jesus, cheio de misericórdia e bondade, que amais a todos e entregastes vossa vida para a salvação da humanidade, concedei-me, por intercessão de Padre Pio, a graça de amar cada dia mais a vós e aos meus irmãos, especialmente os mais necessitados. Concedei-me ainda, com benevolência, a graça de que mais preciso neste momento. Amém.

SÉTIMO DIA

Os carismas de Padre Pio

Em nome do Pai, do Filho e do Espírito Santo. Amém.

Um pouco de história

Além do dom dos estigmas, Padre Pio recebeu de Deus outros carismas, como êxtases, visões, jejuns prolongados, ciência infusa, introspecção das consciências, profecia, bilocação, curas e um perfume misterioso.

Os êxtases faziam-no ficar completamente absorto em Deus, a ponto de não perceber nada do que ocorria a seu redor. Padre Pio conhecia a consciência, o futuro e o passado de seus filhos espirituais e usava desse dom para ajudá-los. Suas chagas emanavam um suave perfume que a todos surpreendia. Possuía também o dom da bilocação, que é a faculdade de estar em dois lugares ao mesmo tempo. Aconteceu muitas vezes de pessoas distantes verem Padre Pio ou sentirem a sua presença para protegê-las ou curá-las. "Mas o senhor faz milagres?" – perguntavam-lhe. Ele simplesmente respondia: "Eu sou somente um frade que reza!". Como era um frade que acreditava no poder de Deus e rezava com profunda humildade e fé viva, obtinha o que pedia.

Reflexões de Padre Pio

"Era a manhã de 20 de setembro. Eu estava no coro, depois da celebração da santa missa, quando fui surpreendido por uma calma semelhante a um doce sono. Todos os sentidos internos e externos e até as próprias faculdades da alma alcançaram uma tranquilidade indescritível. Havia um silêncio total ao meu redor. Vi de repente um personagem diante de mim... De suas mãos, pés e lado vertia sangue."

João Paulo II reza

"Padre Pio, nós te pedimos que nos ensines a humildade de coração, para estarmos entre os pequeninos do Evangelho, aos quais o Pai prometeu revelar os mistérios do Reino. Ajuda-nos a rezar sem nunca nos cansarmos, com a certeza de que Deus conhece aquilo de que precisamos ainda antes que nós o peçamos."

Rezemos com Padre Pio

Fica comigo esta noite, Jesus, pois a vida tem muitos perigos. Preciso de ti. Deixa que eu te reconheça como teus discípulos o fizeram no momento de partir o pão, para que a comunhão eucarística seja a luz que dissipa as trevas, a força que sustenta e a única alegria de meu coração.

Ó Jesus, que disseste: "Pedi e vos será dado; procurai e encontrareis; batei e a porta vos será aberta" (Lc 11,9), eu bato, busco e peço a graça *(fazer o pedido)*.

Pai-Nosso, Ave-Maria e Glória.

Oração final

Senhor Jesus, cheio de misericórdia e bondade, que amais a todos e entregastes vossa vida para a salvação da humanidade, concedei-me, por intercessão de Padre Pio, a graça de amar cada dia mais a vós e aos meus irmãos, especialmente os mais necessitados. Concedei-me ainda, com benevolência, a graça de que mais preciso neste momento. Amém.

OITAVO DIA

As obras sociais

Em nome do Pai, do Filho e do Espírito Santo. Amém.

Um pouco de história

Em meio à grande catástrofe que foi a Segunda Guerra Mundial, em 1942, o papa Pio XII lançou um apelo veemente a todos os fiéis para que rezassem pela paz do mundo. Os Grupos de Oração de Padre Pio surgiram nesse contexto. Inicialmente eram formados espontaneamente. Mais tarde, tornaram-se mais organizados e dirigidos por sacerdotes aprovados pelos bispos.

Padre Pio fundou também a Casa Alívio do Sofrimento, pela qual deu muito de si mesmo, e a considerava uma obra querida pela Providência. Inaugurado em maio de 1956, esse complexo hospitalar foi fruto de uma das mais importantes intuições de Padre Pio que, confiando profundamente em Deus, queria ver aliviados os sofrimentos físicos e morais da sociedade. Hoje esse grandioso hospital conta com mais de 1.200 leitos, com a assistência de 400 médicos e 1.200 enfermeiros.

Para a realização dessa obra e de outras, como asilos, escola de formação e centros de reabilitação, ele contou sempre com a ajuda de seus confrades e de seus filhos espirituais.

Reflexões de Padre Pio

"Eu, como religioso e sacerdote, tenho uma missão a cumprir: interceder a Deus em benefício das pessoas e famílias. Vocês têm a missão de tratar o doente, porém, se deixarem de levar o amor ao leito do doente, não creio que os remédios servirão para muita coisa. Levem o amor e o conforto aos doentes e digam palavras que os elevem espiritualmente. Médicos e enfermeiros são como o sacerdote, são os colaboradores dirigidos por Cristo em seu projeto de redenção."

João Paulo II fala de Padre Pio

"A característica fundamental da espiritualidade de Padre Pio continua nos Grupos de Oração por ele fundados, que oferecem à Igreja e à sociedade a admirável contribuição de uma oração incessante e confiante. Padre Pio unia à oração uma intensa atividade caritativa, da qual é uma extraordinária expressão a Casa Alívio do Sofrimento. Oração e caridade, eis uma síntese concreta do ensinamento deixado por nosso santo."

Rezemos com Padre Pio

Fica comigo, Senhor, porque na hora de minha morte quero unir-me a ti, se não for possível pela comunhão, pelo menos pela graça e pelo amor. Fica comigo, Senhor, pois é só a ti que eu procuro.

Ó Jesus, que disseste: "Em verdade, em verdade, vos digo: o que pedirdes em meu nome, eu o farei, a fim de que o Pai seja glorificado no Filho" (Jo 14,12-13), ao eterno Pai, em teu nome, eu peço a graça *(fazer o pedido)*.

Pai-Nosso, Ave-Maria e Glória.

Oração final

Senhor Jesus, cheio de misericórdia e bondade, que amais a todos e entregastes vossa vida para a salvação da humanidade, concedei-me, por intercessão de Padre Pio, a graça de amar cada dia mais a vós e aos meus irmãos, especialmente os mais necessitados. Concedei-me ainda, com benevolência, a graça de que mais preciso neste momento. Amém.

NONO DIA

Padre Pio santo

Em nome do Pai, do Filho e do Espírito Santo. Amém.

Um pouco de história

A elevação de Padre Pio aos altares foi o resultado de uma vida cheia de sofrimentos. Poucos santos sofreram tanto quanto ele; aliás, era a graça que sempre pedia a Deus: de sofrer em união com seu Filho para a salvação de todas as pessoas. Efetivamente, ele passou por muitas aflições físicas e morais: uma doença misteriosa que não o deixava em paz, os estigmas, tentações diabólicas, incompreensões de algumas pessoas e até limitações no exercício de seu ministério por parte de autoridades eclesiásticas que duvidavam de sua sinceridade. Padre Pio suportou tudo com paciência e entrega total nas mãos de Deus.

No dia 23 de setembro de 1968, com 81 anos, invocando os nomes de Jesus e Maria e com enorme evidência de santidade, Padre Pio faleceu.

Em 1999, após 31 anos de sua morte, João Paulo II o proclamou bem-aventurado. E o mesmo Papa, que foi testemunha direta de um milagre operado por Padre Pio em favor de uma professora polonesa, Wanda Poltawska, o canonizou no dia 16 de junho de 2002, diante de uma multidão jamais vista de fiéis que lotavam a praça de São Pedro, em Roma. A Igreja ganhava um grande intercessor: São Pio de Pietrelcina.

Reflexões de Padre Pio

"Sejamos humildes e cheios de confiança. Jesus disse que encontrava sua alegria entre os filhos dos homens e humilhou-se ao chamar a si mesmo de Filho do Homem. Tenhamos confiança nele, que nos ama e diz: "Vinde a mim". Ele é o Caminho, a Verdade e a Vida. Se contemplarmos esta luz, encontraremos e conservaremos a vida. O que é esta vida? Uma peregrinação: estamos todos no trem..."

João Paulo II reza

"Obtém-nos, Padre Pio, um olhar de fé capaz de reconhecer imediatamente nos pobres e nos que sofrem o próprio rosto de Jesus. Transmite-nos a tua terna devoção a Maria, mãe de Jesus e nossa mãe. Acompanha-nos na peregrinação terrena rumo à Pátria bem-aventurada, onde também nós esperamos chegar para contemplar eternamente a glória do Pai, do Filho e do Espírito Santo. Amém!"

Rezemos com Padre Pio

Fica comigo, Senhor, pois é só a ti que procuro – teu amor, tua graça, teu desejo, teu coração, teu espírito –, isso porque te amo e minha única recompensa é amar-te cada vez mais. Com esse amor tão forte, desejo amar-te enquanto estiver na terra e continuar a amar-te com mais perfeição durante toda a eternidade.

Ó Jesus, que disseste: "Em verdade, vos digo: o céu e a terra passarão, mas as minhas palavras não passarão" (Lc 21,32-33). Apoiando-me na veracidade de tuas palavras, eu peço a graça *(fazer o pedido)*.

Pai-Nosso, Ave-Maria e Glória.

Oração final

Senhor Jesus, cheio de misericórdia e bondade, que amais a todos e entregastes vossa vida para a salvação da humanidade, concedei-me, por intercessão de Padre

Pio, a graça de amar cada dia mais a vós e aos meus irmãos, especialmente os mais necessitados. Concedei-me ainda, com benevolência, a graça de que mais preciso neste momento. Amém.

Fatos curiosos da vida de Padre Pio

Padre Pio costumava angariar ofertas em prol do "Fundo para os doentes pobres". Um dia, uma viúva muito pobre lhe levou uma nota de 50 liras – importância insignificante na moeda italiana. Ao ver o estado de pobreza da viúva, Padre Pio recusou a contribuição, dizendo que ela iria precisar daquele dinheiro.
– Entendo, padre, – disse a mulher – sei que esta quantia é muito pequena!
Padre Pio, comovido, disse-lhe:
– Devolva-me esta nota, pois foi a doação mais generosa que recebi até hoje! – e guardou aquela nota, como símbolo de generosidade total.

Um dia, um comerciante foi até Padre Pio pedir que rezasse pela cura de sua filha que estava muito doente. Padre Pio olhou-o e disse:

– Eu o vejo muito mais doente do que sua filha. Vejo-o morto!

– Como, padre? Eu estou muito bem!

– Infeliz! – gritou Padre Pio. – Como pode estar bem com tantos pecados em sua consciência?

Muito surpreso, o homem se ajoelhou e confessou os pecados de muitos anos. Ao levantar-se estava radiante de alegria!

Numa noite, o filho pequeno de um casal de professores estava acamado com muita febre. De nada lhe valeram os vários remédios caseiros. O marido, que lera algo sobre Padre Pio, resolveu pedir ao padre que enviasse seu anjo da guarda para curar o filho.

E aconteceu o milagre. Pelas três horas da madrugada, a febre o deixou, e ele passou a se sentir bem. Mais tarde, agradecendo pessoalmente ao Padre Pio, este lhe disse sorrindo:

– Vocês não me deixam em paz nem de noite.

Certa vez, quando um grupo de pessoas o aplaudia após a celebração da missa, uma velhinha, já encurvada e com muitas rugas no rosto, gritou:

– Padre Pio, concede-me a graça de assistir à tua beatificação.

Ele respondeu:

– Procurarei que isto aconteça o mais rápido possível.

Um dia, chegou ao mosteiro uma pessoa que trazia um quadro. Era uma pintura a óleo na qual se via o rosto de Padre Pio.

O retrato era feio: um rosto carrancudo, ameaçador; mas o pintor mostrava sua obra com orgulho e pedia:

– Padre, escreva algumas palavras sobre ele!

– Com prazer – respondeu Padre Pio, e tomando uma caneta escreveu: "Não tenham medo: sou eu!".

Gema di Giorgi, nascida em 1939, era cega de nascença. Aos sete anos e meio, na época de receber a primeira Eucaristia, a avó pensou em levar a neta a San Giovanni Rotondo, onde havia um frade que fazia milagres. Recomendaram à menina que pedisse a cura ao Padre Pio, porém, ela discordou. Contudo, na hora da confissão, o Santo pousou-lhe as mãos sobre seus olhos traçando o sinal-da-cruz. O mesmo aconteceu ao ministrar-lhe a comunhão. Durante a viagem de volta, a menina disse à avó que estava vendo claramente. Isso surpreendeu os médicos que consideravam impossível enxergar sem ter as pupilas.

Era novembro de 1962, a professora Wanda Poltawska, que trabalhava ativamente na diocese de Cracóvia, estava no fim da vida por causa de um câncer na garganta, e os médicos não lhe davam mais nenhuma esperança. O bispo, Karol Wojtyla, futuro Papa João Paulo II, estava em Roma participando do Concílio Vaticano II. Ele conhecia bem essa mãe e católica fervorosa. Escreveu, então, a 17 de novembro, ao Padre Pio: "Venerável padre, peço-lhe que reze por esta mãe de quatro meninas, que tem 40 anos e vive em Cracóvia, Polônia..."

No dia 28 de novembro, onze dias depois, foi entregue uma outra carta ao Padre Pio: "Venerável padre, a senhora que mora em Cracóvia, no dia 21 de novembro, antes da cirurgia, sarou de repente. Damos graças a Deus e também a vós, venerável padre...".

Era o dia 1º de novembro de 1995, quando Consiglia de Martino se viu, de repente, às portas da morte devido à descoberta de um tumor, do tamanho de uma laranja, na garganta e que já comprometera todo o organismo. Resolveram fazer uma cirurgia na manhã seguinte. Durante a noite, a piedosa senhora, que era devota de Padre Pio, dirigiu-lhe uma oração pedindo que a ajudasse. Dormiu e sonhou que Padre Pio a tocava levemente no pescoço e no tórax, dizendo: "A intervenção cirúrgica não lhe adianta mais, opero-a eu mesmo".

Sonho ou aparição? O fato é que de manhã, ao ser preparada para a cirurgia, ela sentiu um intenso perfume de flores. Pediu que os médicos refizessem a tomografia antes de entrar na sala cirúrgica. Eles ficaram estupefatos com o resultado: o líquido linfático sumiu do corpo, e o tumor no pescoço reduziu-se ao tamanho de uma noz, que em pouco tempo desapareceria por completo.

O amor é a rainha das virtudes.
Como as pérolas se ligam por um fio,
assim as virtudes se ligam pelo amor.
Caem as pérolas quando se rompe o fio.
Assim também as virtudes se desfazem,
quando se retira o amor.

Padre Pio

Oração de São Francisco de Assis

Senhor, fazei de mim um instrumento de vossa paz.
Onde houver ódio, que eu leve o amor.
Onde houver ofensa, que eu leve o perdão.
Onde houver discórdia, que eu leve a união.
Onde houver dúvida, que eu leve a fé.
Onde houver erro, que eu leve a verdade.
Onde houver desespero, que eu leve a esperança.
Onde houver tristeza, que eu leve a alegria.
Onde houver trevas, que eu leve a luz.

Ó Divino Mestre,
fazei que eu procure mais
consolar que ser consolado.
Compreender, que ser compreendido.
Amar, que ser amado.
Pois é dando que se recebe.

É perdoando que se é perdoado.
E é morrendo que se vive
para a vida eterna.
Amém.

NOSSAS DEVOÇÕES
(Origem das novenas)

De onde vem a prática católica das novenas? Entre outras, podemos dar duas respostas: uma histórica, outra alegórica.

Historicamente, na Bíblia, no início do livro dos Atos dos Apóstolos, lê-se que, passados quarenta dias de sua morte na Cruz e de sua ressurreição, Jesus subiu aos céus, prometendo aos discípulos que enviaria o Espírito Santo, que lhes foi comunicado no dia de Pentecostes.

Entre a ascensão de Jesus ao céu e a descida do Espírito Santo, passaram-se nove dias. A comunidade cristã ficou reunida em torno de Maria, de algumas mulheres e dos apóstolos. Foi a primeira novena cristã. Hoje, ainda a repetimos todos os anos, orando, de modo especial, pela unidade dos cristãos. É o padrão de todas as outras novenas.

A novena é uma série de nove dias seguidos em que louvamos a Deus por suas maravilhas, em particular, pelos santos, por cuja intercessão nos são distribuídos tantos dons.

Alegoricamente, a novena é antes de tudo um ato de louvor ao Pai, ao Filho e ao Espírito Santo, Deus três vezes Santo. Três é número perfeito. Três vezes três, nove. A novena é louvor perfeito à Trindade. A prática de nove dias de oração, louvor e súplica confirma de maneira extraordinária nossa fé em Deus que nos salva, por intermédio de Jesus, de Maria e dos santos.

O Concílio Vaticano II afirma: "Assim como a comunhão cristã entre os que caminham na terra nos aproxima mais de Cristo, também o convívio com os santos nos une a Cristo, fonte e cabeça de que provêm todas as graças e a própria vida do povo de Deus" (*Lumen Gentium*, 50).

Nossas Devoções procura alimentar o convívio com Jesus, Maria e os santos, para nos tornarmos cada dia mais próximos de Cristo, que nos enriquece com os dons do Espírito e com todas as graças de que necessitamos.

Francisco Catão

Coleção Nossas Devoções

- *Dulce dos Pobres: novena e biografia* – Marina Mendonça
- *Francisco de Paula Victor: história e novena* – Aparecida Matilde Alves
- *Frei Galvão: novena e história* – Pe. Paulo Saraiva
- *Imaculada Conceição* – Francisco Catão
- *Jesus, Senhor da vida: dezoito orações de cura* – Francisco Catão
- *João Paulo II: novena, história e orações* – Aparecida Matilde Alves
- *João XXIII: biografia e novena* – Marina Mendonça
- *Maria, Mãe de Jesus e Mãe da Humanidade: novena e coroação de Nossa Senhora* – Aparecida Matilde Alves
- *Menino Jesus de Praga: história e novena* – Giovanni Marques Santos
- *Nhá Chica: Bem-aventurada Francisca de Paula de Jesus* – Aparecida Matilde Alves
- *Nossa Senhora Aparecida: história e novena* – Maria Belém
- *Nossa Senhora da Cabeça: história e novena* – Mario Basacchi
- *Nossa Senhora da Luz: novena e história* – Maria Belém
- *Nossa Senhora da Penha: novena e história* – Maria Belém
- *Nossa Senhora da Salete: história e novena* – Aparecida Matilde Alves
- *Nossa Senhora das Graças ou Medalha Milagrosa: novena e origem da devoção* – Mario Basacchi
- *Nossa Senhora de Caravaggio: história e novena* – Leomar A. Brustolin e Volmir Comparin
- *Nossa Senhora de Fátima: novena* – Tarcila Tommasi
- *Nossa Senhora de Guadalupe: novena e história das aparições a São Juan Diego* – Maria Belém
- *Nossa Senhora de Nazaré: novena e história* – Maria Belém
- *Nossa Senhora Desatadora dos Nós: história e novena* – Frei Zeca
- *Nossa Senhora do Bom Parto: novena e reflexões bíblicas* – Mario Basacchi
- *Nossa Senhora do Carmo: novena e história* – Maria Belém
- *Nossa Senhora do Desterro: história e novena* – Celina Helena Weschenfelder
- *Nossa Senhora do Perpétuo Socorro: história e novena* – Mario Basacchi
- *Nossa Senhora Rainha da Paz: história e novena* – Celina Helena Weschenfelder
- *Novena à Divina Misericórdia* – Tarcila Tommasi

- *Novena das Rosas: história e novena de Santa Teresinha do Menino Jesus* – Aparecida Matilde Alves
- *Novena em honra ao Senhor Bom Jesus* – José Ricardo Zonta
- *Ofício da Imaculada Conceição: orações, hinos e reflexões* – Cristóvão Dworak
- *Orações do cristão: preces diárias* – Celina Helena Weschenfelder
- *Os Anjos de Deus: novena* – Francisco Catão
- *Padre Pio: novena e história* – Maria Belém
- *Paulo, homem de Deus: novena de São Paulo Apóstolo* – Francisco Catão
- *Reunidos pela força do Espírito Santo: novena de Pentecostes* – Tarcila Tommasi
- *Rosário dos enfermos* – Aparecida Matilde Alves
- *Rosário por uma transformação espiritual e psicológica* – Gustavo E. Jamut
- *Sagrada Face: história, novena e devocionário* – Giovanni Marques Santos
- *Sagrada Família: novena* – Pe. Paulo Saraiva
- *Sant'Ana: novena e história* – Maria Belém
- *Santa Cecília: novena e história* – Frei Zeca
- *Santa Edwiges: novena e biografia* – J. Alves
- *Santa Filomena: história e novena* – Mario Basacchi
- *Santa Gemma Galgani: história e novena* – José Ricardo Zonta
- *Santa Joana d'Arc: novena e biografia* – Francisco de Castro
- *Santa Luzia: novena e biografia* – J. Alves
- *Santa Maria Goretti: história e novena* – José Ricardo Zonta
- *Santa Paulina: novena e biografia* – J. Alves
- *Santa Rita de Cássia: novena e biografia* – J. Alves
- *Santa Teresa de Calcutá: biografia e novena* – Celina Helena Weschenfelder
- *Santa Teresinha do Menino: novena e biografia* – Jesus Mario Basacchi
- *Santo Afonso de Ligório: novena e biografia* – Mario Basacchi
- *Santo Antônio: novena, trezena e responsório* – Mario Basacchi
- *Santo Expedito: novena e dados biográficos* – Francisco Catão
- *Santo Onofre: história e novena* – Tarcila Tommasi
- *São Benedito: novena e biografia* – J. Alves

- *São Bento: história e novena* – Francisco Catão
- *São Brás: história e novena* – Celina Helena Weschenfelder
- *São Cosme e São Damião: biografia e novena* – Mario Basacchi
- *São Cristóvão: história e novena* – Mário José Neto
- *São Francisco de Assis: novena e biografia* – Mario Basacchi
- *São Francisco Xavier: novena e biografia* – Gabriel Guarnieri
- *São Geraldo Majela: novena e biografia* – J. Alves
- *São Guido Maria Conforti: novena e biografia* – Gabriel Guarnieri
- *São José: história e novena* – Aparecida Matilde Alves
- *São Judas Tadeu: história e novena* – Maria Belém
- *São Marcelino Champagnat: novena e biografia* – Ir. Egídio Luiz Setti
- *São Miguel Arcanjo: novena* – Francisco Catão
- *São Pedro, Apóstolo: novena e biografia* – Maria Belém
- *São Peregrino Laziosi* – Tarcila Tommasi
- *São Roque: novena e biografia* – Roseane Gomes Barbosa
- *São Sebastião: novena e biografia* – Mario Basacchi
- *São Tarcísio: novena e biografia* – Frei Zeca
- *São Vito, mártir: história e novena* – Mario Basacchi
- *Senhora da Piedade: setenário das dores de Maria* – Aparecida Matilde Alves
- *Tiago Alberione: novena e biografia* – Maria Belém